FULVIO MALVICINO

&

ALESSANDRO LANARO

EVITARE LE TRUFFE ONLINE

Acquisti Sicuri e Risparmi Garantiti Senza Cadere nella Rete dei Truffatori Informatici

Titolo

"EVITARE LE TRUFFE ONLINE "

Autori

Fulvio Malvicino

&

Alessandro Lanaro

Editore

Bruno Editore

Sito internet

http://www.brunoeditore.it

Sommario

Introduzione

Ciao, e benvenuti/e in questa avventura. Avete compiuto già il primo passo!

Sappiamo che, in questo momento, siete alquanto dubbiosi sulla facilità di evitare con estrema semplicità qualsiasi truffa, sia online, sia tramite posta elettronica, ma vi promettiamo che leggendolo vi ricrederete.

Questo ebook raccoglie ogni tipo di truffa online, dalle più famose a quelle meno note. Ma soprattutto, cosa ancor più importante, vi spiega come evitarle!

Non dovete essere degli esperti di computer per poter leggere questa guida. E nemmeno dovete conoscere termini tecnici complicatissimi. Vi basterà semplicemente leggere tutto fino alla fine con calma e riflettendo su ciò che abbiamo scritto.

Saremo noi a fornirvi tutte le indicazioni necessarie per riconoscere una truffa. Voi dovrete solamente seguire le nostre indicazioni con estrema attenzione. Il bello è proprio questo! Vi guideremo noi tra le insidie di Internet, insegnandovi a non averne paura e a considerarlo un valido amico e una fonte essenziale.

I depliant che parlano di truffe spesso sono molto generici. Noi tratteremo casi specifici, frutto delle nostre esperienze. Non troverete mai tutte le truffe raccolte in una guida sola, completa di spiegazioni e indicazioni su come evitarle. Quindi, non vi vogliamo far perdere ulteriore tempo.

Buona lettura!

CAPITOLO 1:
Come superare la paura di acquistare su Internet

Nel 2011, ormai quasi ognuno di noi possiede un computer, probabilmente una delle migliori invenzioni degli ultimi periodi. Ognuno di noi lo usa nei modi e per i motivi più disparati. Scrivere e ricevere email, navigare su Internet, lavorare, ascoltare musica, vedere film e tantissime altre cose.

Il computer ha effettivamente reso possibili moltissime cose che, fino a non molti anni fa, non erano neanche lontanamente immaginabili. Oggi, con un click del mouse, possiamo facilmente vedere immagini dei luoghi che si trovano dall'altra parte del mondo, conoscere persone, ritrovare vecchie amicizie che si credevano perdute, venire a conoscenza di informazioni che altrimenti, con tutta probabilità, avremmo ignorato ecc.

Tutto ciò è reso possibile dal collegamento a Internet che, solitamente, chiunque attiva con l'acquisto di un computer.

Coloro che conoscono meglio il web fanno spesso anche *acquisti su Internet*. Oggi, proprio grazie al computer e a un collegamento Internet, ci basta semplicemente inserire il numero della nostra carta di credito e, con pochi click, acquistiamo tutto ciò che vogliamo. *Qualcuno su Internet ha addirittura comprato macchine e case.*

Naturalmente, noi non vi stiamo dicendo che dobbiate comprare la vostra prossima abitazione su Internet. Ognuno può prendere le decisioni che ritiene più opportune. L'importante è capire che oggi *tutti possiamo effettuare acquisti su Internet in completa sicurezza.*

Sì, partendo anche solo da una canzone, fino ad arrivare a una macchina o (per i più esperti) una casa. L'importante è cominciare a imparare a maneggiare denaro su Internet e fidarsi del fatto che questo rappresenta il futuro. I più anziani ricorderanno che quando erano bambini le banconote erano almeno tre volte più grosse rispetto a oggi. Ebbene, ciò dimostra che tutto cambia e si modifica. Ogni cosa. I cambiamenti, di solito, sono tesi a rendere la nostra vita più semplice e più comoda.

L'introduzione delle carte di credito ha permesso a chiunque di non dover più andare in giro con un portafoglio pieno di banconote (con il reale rischio di perderle), ma di poter fare tranquillamente acquisti con una semplice e leggerissima carta plastificata. Ma non è finita qui! Oggi potete effettuare acquisti su Internet senza nemmeno uscire di casa! Ciò ci semplifica enormemente la vita.

Perché? Semplice. Io ho la possibilità di comprare un qualsiasi prodotto stando comodamente seduto sulla mia poltrona. Ciò non vuole essere un incitamento al totale azzeramento dell'attività fisica (cosa importantissima per la nostra salute), ma semmai una via più diretta all'acquisto, evitando tutte le noie del fare shopping in un negozio.

In questo modo possiamo dimenticarci le code per entrare nei negozi. Sarà un lontano ricordo la brutta sensazione che si prova quando, arrivando in un negozio, si scopre (ahinoi!) che il prodotto che si cercava è appena finito. Non sarà neanche più un vostro problema trovare un parcheggio, specialmente nei periodi dei saldi. E non vi troverete più nell'imbarazzante situazione di avere, mentre girate tranquillamente nel negozio, la costante presenza della commessa di turno che, seguendovi, aspetta che vi soffermiate a osservare un qualsiasi prodotto per cercare disperatamente di farvelo comprare, anche se il prodotto in questione non è propriamente adatto a voi. Finalmente ora potete evitare tutto questo!

Perché non comprare negli outlet?

Un discorso a parte meritano gli "outlet". L'outlet è ormai una realtà ben radicata un po' ovunque. E, in effetti, ciò si capisce proprio dal successo che riscuotono. La convinzione delle persone, non appena leggono la parola "outlet", è quella di trovare prodotti di marca (di solito abbigliamento) bellissimi e a prezzi stracciati.

Non vi è convinzione più sbagliata di questa!

Gli oggetti griffati costano. E molto. Ed è praticamente impossibile trovarli al prezzo che ci si aspetta. Inoltre, quando si pensa di avere la fortuna di trovare qualcosa che sembra realmente interessante, nella totalità dei casi si tratta di un oggetto non più di moda o di pessima qualità.

Perché? Semplice. Perché se un negozio ha l'obbligo di esporre un prezzo che gli viene imposto dalla ditta per un oggetto nuovo, sarà impossibile che un altro negozio, della stessa marca, metta in vendita lo *stesso* prodotto a un prezzo più basso semplicemente solo perché si trova in un cosiddetto "outlet".

Ciò che viene venduto negli outlet, solitamente, consiste in merce di scarsissima qualità, oppure in prodotti non più di moda. Naturalmente, i prodotti nuovi che si cercano si possono trovare, ma al nuovo prezzo. E allora ci si rende conto che, in realtà, non c'è tutta questa convenienza a fare shopping in un outlet. La soluzione qual è dunque? *Fare acquisti su Internet: una possibilità comodissima che però molti temono.*

Perché le persone comprano poco su Internet?

Questa forse è la domanda più interessante. Oggi, ovunque andiamo, sentiamo parlare di Internet. Sui computer, sui cellulari, sui tablet: tutti utilizzano Internet. I motivi per i quali si usa sono molteplici: svago, lavoro, cultura, arte ecc. Ma, se ci pensiamo bene, pochissime volte sentiamo realmente parlare di acquisti online.

Sicuramente sentiamo parlare fin troppo di “download illegale”, ma di reali ed effettive spese quasi mai. Perché? La ragione principale è psicologica. La paura. *La quasi totalità degli individui ha una reale paura di usare denaro su Internet.*

Molti di noi preferiscono limitarsi ad acquistare piccole cose, o a non comprare proprio nulla su Internet, per paura. A livello psicologico dovrebbe fare maggiore presa l’acquisto online, perché noi non vediamo realmente il denaro su Internet. Quindi questo ci dovrebbe inconsciamente spingere a spendere di più e con minore timore.

Eppure ciò non avviene. Anzi, siamo molto restii. Diffidiamo di quel mondo con il quale, nel curriculum di lavoro, diciamo di avere molta dimestichezza ma che, in realtà, temiamo. Preferiamo quindi affrontare la pioggia, il caldo, le code, le commesse insistenti, le frustrazioni nel provare abiti nei quali non entriamo, le delusioni nello scoprire finito un articolo che avevamo puntato da molto tempo e così via. Eppure tutto questo potrebbe essere evitato in modo facile e sicuro. Come? Comprando su Internet.

Ciononostante, moltissimi continuano a dare tranquillamente la loro carta di credito a un commesso qualunque, con la concreta possibilità che la loro carta venga clonata senza nemmeno che si rendano conto di nulla! Come? Tramite un metodo conosciuto da tutti: lo skimming.

Lo skimming

Di solito lo skimming consiste nella clonazione della carta di credito. La parola viene appunto dal verbo inglese *to skim* (strisciare) da cui, a sua volta, deriva la parola skimmer, che identifica il dispositivo che viene utilizzato per effettuare, appunto, lo skimming. Questo è uno skimmer:

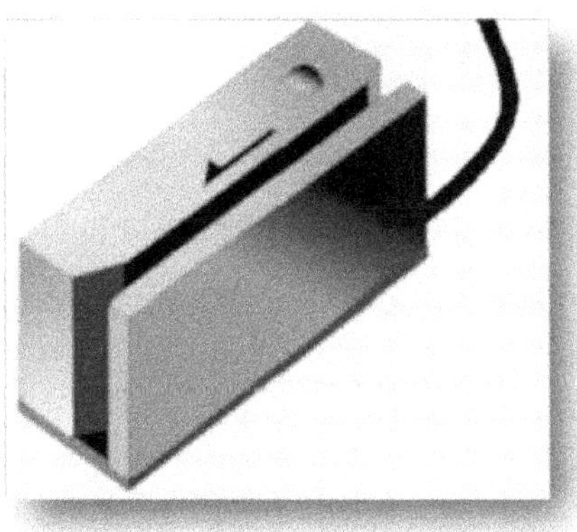

Forse visto così non vi dice nulla, ma la successiva immagine vi aprirà gli occhi.

Ora vi spieghiamo rapidamente cosa è stato modificato in questo sportello Bancomat. Vedete quella barra metallica, in alto, sopra allo schermo? Bene. Sappiate che si tratta di una microtelecamera. Cosa fa? Riprende ciò che schiacciate sulla tastiera del Bancomat: il vostro **codice segreto**! E, come potete notare, a destra c'è lo skimmer!

Sappiamo cosa state pensando: «Ma quella è la fessura per la nostra carta Bancomat!» Appunto. Questo dispositivo riesce a memorizzare i contenuti della banda magnetica nera della carta di credito. Per la precisione, questa:

Lo skimmer, ovviamente, consiste innanzitutto nel dispositivo stesso presente nel Bancomat che serve a leggere i dati della vostra carta. Il problema sorge, però, quando l'uso improprio di questo dispositivo, la sua manomissione, fino ad arrivare addirittura alla sostituzione dello skimmer originale con uno appositamente modificato o alterato, *permette la lettura e la copia dei vostri dati segreti, al criminale.*

Non c'è cosa più facile. Basta semplicemente montare sul lettore di carta di credito un ulteriore lettore che copia la vostra carta, trasferendo i vostri dati a un computer. Fatto ciò, quando e se ve ne accorgerete, l'unica cosa da fare sarà bloccare il prima possibile la carta. Almeno prima che il vostro conto venga prosciugato.

SEGRETO n. 2: l'utilizzo della carta di credito nei negozi e negli sportelli Bancomat è rischioso: controllate sempre l'apparecchio o la fessura in cui inserite la vostra carta.

Come possiamo difenderci dalle truffe?

Fino ad ora, come avete letto, abbiamo fortemente sostenuto la sicurezza dell'acquisto online, per due semplici motivi:

- oggi, con un poco di attenzione, acquistare su Internet è più sicuro che farlo in un normale negozio;
- l'acquisto sul web è il futuro.

Già, sono cambiate moltissime cose e, un po' per la crisi, un po' per il progredire dei tempi, i "costumi" e le abitudini si sono modificati. Naturalmente noi desideriamo far risaltare l'aspetto **positivo** dell'evolversi delle cose. Purtroppo, come ben sappiamo e vediamo, sono fin troppi gli aspetti negativi che sono scaturiti dall'evoluzione. E tra questi, naturalmente, vi sono le truffe. La possibilità di muovere denaro online ha aperto nuove strade anche a coloro che non hanno buone intenzioni.

Ogni giorno queste persone riescono a escogitare metodi e sistemi nuovi per poter fregare ognuno di voi! Esistono modalità più o meno evidenti per fare ciò.

Ovviamente, il metodo prediletto è quello in cui l'ignara vittima non si accorge minimamente di nulla. Ed è proprio nell'evitare che ciò accada che sta il significato della nascita di questa guida. Oltretutto, la truffa online di solito mette la vittima in una situazione parecchio complicata, perché approfitta della poca conoscenza di un argomento da parte della vittima stessa e, in men che non si dica, i soldi sono spariti!

Ma per capire a fondo come evitare le truffe, dovete sapere una cosa importante. Sappiate che *cadere in una truffa è tanto facile quanto evitarla*. Sì, avete letto bene, cadere in una truffa è facilissimo. Una cosa di pochi istanti. Ma anche evitarla è semplicissim[illegible] ta leggere attentamente questa guida e poi [illegible] o.

In che senso? Ci spieghiamo. Esattamente come nella vita, dobbiamo accontentarci praticamente mai, dobbiamo pretendere il massimo, sia da noi stessi che dagli altri. E quindi, se lo pretendiamo dagli altri, pretendiamo che gli altri diano il massimo a noi. In tutto. Ciò vale anche per la sicurezza: *voi dovete pretendere la completa e assoluta sicurezza di un sito Internet*.

Memorizzatelo bene, perché questo è un punto essenziale. Ve lo ripetiamo: la *totale sicurezza*. Esattamente come nelle persone. La maggior parte di noi frequenta persone delle quali si fida, giusto? Ebbene, con Internet è la stessa cosa. Voi dovete frequentare solo siti dei quali potete fidarvi..

Vi starete chiedendo: «Ma come capiamo se fidarci o no?» Innanzitutto, la cosa più importante è che siate voi i primi a sentirvi sicuri navigando su un determinato sito. Questo è fondamentale. Alla prima insicurezza, uscite immediatamente. Non succede nulla. Se non vi sentite sicuri, non azzardate! Si rischia di fare danni, spesso difficilmente correggibili.

Per potervi fidare, un sito deve essere chiaro e ben strutturato. Se un sito offre un servizio, deve chiarire in modo corretto e preciso come funziona quel servizio. Se vengono saltati passaggi fondamentali, magari non si tratta di truffa vera e propria, ma non fidatevi lo stesso.

SEGRETO n. 3: il rischio di acquistare online è un falso mito, al giorno d'oggi lo si può fare tranquillamente: basta valutare l'affidabilità del negozio online o del sito in questione.

Il furto d'identità

Dovete sapere che il furto dei nostri dati personali a scopo di truffa è un crimine vecchissimo! Esiste da sempre e, come potete immaginare, ha fatto cadere nella sua tela numerose persone. Come abbiamo scritto prima, l'avvento di Internet e la generale "tecnologizzazione" hanno portato il problema a un livello considerevole.

I criminali di Internet si sono adattati velocemente alle nuove "mode" e hanno trovato moltissimi sistemi per riuscire a rubare preziose informazioni e poterci truffare in tutta tranquillità. Con la crescente evoluzione digitale assistiamo, purtroppo, a un'altra allarmante crescita: quella del fenomeno del **furto di identità.**

Il furto d'identità consiste nell'appropriazione indebita (e pertanto illegale) dei dati privati e personali di una persona, ignara di tutto, con lo scopo ben preciso di commettere atti illeciti. Ovviamente, non serve dirvi che lo scopo ultimo è il guadagno di denaro. A vostre spese!

A noi non sembra una prospettiva molto rosea. Ognuno di noi può accedere a Internet, usare la posta elettronica, creare un profilo su un social network condividendo informazioni ed esperienze. Tutto ciò non ha fatto altro che aumentare e favorire la circolazione di dati personali e privati. Quali? I vostri.

Cosa comporta tutto questo? Una maggiore vulnerabilità da parte vostra. Quindi, purtroppo, aumentano anche le possibilità di rimanere vittime di queste tipologie di truffe, con conseguenze gravi, sia economiche, sia sociali. Insomma, potreste non uscirne proprio bene! Ma, di preciso, in cosa consiste il furto di identità?

Effettivamente, posta in questo modo, la spiegazione non è ancora davvero dettagliata. Potreste anche chiedervi: «Sì, ma cos'è realmente il "furto d'identità?"» Il furto di identità è qualcosa di molto serio. Purtroppo, anche se non dovremmo stupirci più di tanto, nella legge italiana non esiste una normativa specifica su questo reato che, solitamente, viene punito con l'articolo 949 del Codice Penale, quello sulla "sostituzione di persona".

Il problema, però, è che spesso questo genere di reati si compie a livello transnazionale, cioè fuori dall'Italia. Quindi sono ancora in corso vari studi per identificare, prevenire e combattere questo fenomeno a livello europeo. L'Unione Europea, sapendo della mancanza di una legislazione penale specifica per il furto di identità, di solito lo punisce facendolo passare come un altro reato come la frode, la falsificazione di documenti, la violazione d'identità ecc.

Ma quindi, in cosa consiste realmente il furto di identità? Una definizione appropriata può essere questa: il furto di identità **totale** si ha quando l'appropriazione illegale di dati personali altrui si consuma attraverso l'uso di nome e/o caratteri di altre persona realmente esistenti, o talvolta, decedute.

Si ha invece furto di identità **parziale** quando vengono utilizzati solamente alcuni dati falsi come, per esempio, dati anagrafici falsi e recapiti veri oppure utilizzo di dati anagrafici e recapiti veri, ma informazioni personali false e via dicendo.

Perché rubare l'identità?

Quando la vittima di questo reato è una persona fisica, il truffatore apre poi conti bancari, emette assegni contraffatti o azzera totalmente il conto corrente della vittima.

Può, tra l'altro, richiedere addirittura un finanziamento o acquistare delle merci con la formula del pagamento a rate e poi sparire con tutto il bottino che, a conti fatti, è stato in realtà acquistato a nome del malcapitato. Inoltre, il truffatore può anche richiedere carte di credito o persino aprire un conto telefonico. Tanto, tutto viene fatto a nome dell'ignara vittima! E sappiate che l'ignara vittima potrebbe essere proprio ora uno di voi.

Se invece la vittima è, per esempio, un'azienda, i truffatori possono accedere ai pubblici registri e cambiare i nomi dei titolari dell'azienda e i loro indirizzi, ottenendo così beni e servizi, forniture e finanziamenti senza però pagare nulla, screditando il buon nome dell'azienda. Hanno inoltre la possibilità di procurarsi le firme degli intestatari dei conti correnti e usarle per compiere furti di identità e di denaro, a nome e a discapito dell'azienda.

Come fanno a rubarci l'identità?

In questi ultimi anni abbiamo assistito a un grandissimo cambiamento delle nostre abitudini e dei nostri stili di vita che hanno sicuramente contribuito al moltiplicarsi delle occasioni in cui è possibile raccogliere, immagazzinare, collegare, analizzare e spedire grosse quantità di dati. Internet è, infatti, un mondo pieno di **opportunità** e **vantaggi**. Questa guida ne è l'esempio più concreto. L'avete acquistata e non ve ne pentirete!

Anzi, vi tornerà più utile di quanto magari ora crediate. Purtroppo, però, su Internet si nascondono numerose insidie e fonti di rischio per chi naviga senza avere prima letto questa guida. Oggi la maggior parte delle identità viene trafugata proprio sfruttando Internet. Sorpresi? Eppure siete *voi* i primi a dare occasione perché ciò accada.

Come? Rendendo disponibili sui social network dati come nome, cognome, indirizzo, data di nascita, codici di accesso, carta di credito, numero di patente ecc. Con questi dati, i criminali possono tranquillamente ottenere microfinanziamenti, acquistare servizi su Internet, aprire o accedere ai vostri conti bancari e relative carte di credito ecc.

Ovviamente, però, la colpa non è da attribuirsi tutta a Internet. Spesso sono i nostri stessi comportamenti e abitudini a renderci complici dei truffatori. Pensate che, durante la giornata, ognuno di voi corre costantemente il rischio di subire un furto di identità senza nemmeno rendersene conto. Com'è possibile ciò? Ve lo spieghiamo nel prossimo paragrafo.

Chi si iscrive a un social network rischia di vedersi rubata l'identità?

Il nostro consiglio è questo: *non lasciate che altri vi spingano a fare cose che non volete fare*. Se anche il vostro più caro amico dovesse pubblicare il suo numero di telefono privato su un social network, non siete per forza obbligati a farlo anche voi. Date retta a noi: *fatevi furbi!* Se potete, evitate di pubblicare informazioni personali come la foto della vostra casa, del vostro posto di lavoro, della vostra scuola, il vostro indirizzo, la data di nascita e il vostro nome per intero. E, per favore, una volta per tutte: *evitate di usare la data di nascita come password.*

Magari, per iscrivervi a quel sito, create un altro account email, in modo tale che, quando deciderete di interrompere la vostra iscrizione, basterà semplicemente che smettiate di usare quell'account. Un'ultima cosa: oggi quasi tutti sono iscritti ad almeno un social network e le motivazioni sono le più disparate. Spesso, a quello che vi stiamo per dire, la totalità delle persone non ci pensa lontanamente. Non scrivete o pubblicate mai e poi mai niente che in futuro possa mettervi in imbarazzo o crearvi problemi. *Ciò che viene messo online, rimane online.*

SEGRETO n. 4: fate attenzione ai furti d'identità: immettete i vostri dati sensibili solo se davvero necessari e cambiate spesso le vostre password.

RIEPILOGO DEL CAPITOLO 1:

- SEGRETO n. 1: evitate gli outlet perché i veri affari si trovano facilmente su Internet.
- SEGRETO n. 2: l'utilizzo della carta di credito nei negozi e negli sportelli Bancomat è rischioso: controllate sempre l'apparecchio o la fessura in cui inserite la vostra carta.
- SEGRETO n. 3: il rischio di acquistare online è un falso mito, al giorno d'oggi lo si può fare tranquillamente: basta valutare l'affidabilità del negozio online o del sito in questione.
- SEGRETO n. 4: fate attenzione ai furti d'identità: immettete i vostri dati sensibili solo se davvero necessari e cambiate spesso le vostre password.

CAPITOLO 2:
Come risparmiare su Internet

Già, avete letto bene! Risparmiare. Sì, perché *comprando su Internet si risparmia praticamente sempre*. Com'è possibile questo? A dire il vero, le possibilità sono infinite. Senza essere grandi esperti della rete, chiunque può facilmente addentrarsi un poco e scoprire un enorme risparmio negli acquisti!

Vi vogliamo porre un piccolo quesito. Se vi dicessimo che da una parte avete la possibilità di acquistare un qualsiasi prodotto a prezzo pieno (in realtà sempre maggiorato) in un negozio, affrontando gli inconvenienti come la pioggia, il freddo, il sole, il caldo, la difficoltà nel trovare parcheggio, l'insistenza delle commesse, l'imbarazzo nello scoprire un prodotto troppo caro e non poterlo comprare, la delusione nello scoprire che l'oggetto che avevamo puntato da molto è esaurito, il non trovare la nostra taglia di vestito e così via.

E che dall'altra parte, invece, potete comprare la stessa cosa a un prezzo significativamente più basso, in modo *veloce*, *sicuro* e *facile*, restando comodamente seduti a casa. Ora, obiettivamente, quale possibilità scegliereste? Non crediamo di avere bisogno di poteri magici e divinatori per indovinare. Chiunque sceglierebbe, senza esitazione, la seconda soluzione. Perché? Perché, diciamolo una volta per tutte, *risparmiare piace a tutti*.

Questa affermazione trova totale, assoluta e completa conferma, nel paragrafo sugli outlet. Come dicevamo prima: le persone sono attirate, come api sul miele, negli outlet, perché hanno la tragicamente errata convinzione di poter risparmiare a concludere grandi affari!

Tralasciando quanto detto prima, ovvero che negli outlet non si risparmia, né si conclude alcun affare, questa è la dimostrazione che risparmiare è una cosa apprezzata da chiunque. Poter avere un prodotto di marca, di qualità, di prestigio a un prezzo inferiore è il sogno di chiunque. Non negatelo! Quante volte voi donne siete passate davanti a un lussuoso negozio e siete rimaste letteralmente incantate dinnanzi a un qualsiasi capo o gadget all'ultimo grido?

E quante volte voi uomini avete provato la stessa sensazione? Certo, forse negli uomini questa particolare emozione è più celata, ma vi assicuriamo che c'è.

Il risparmio attira psicologicamente, perché spendere meno e avere di più è qualcosa che rende realmente felici. E non solo per il fatto di essere riusciti a spendere molto meno ma, soprattutto, per la sensazione di essersi avvantaggiati rispetto alla massa, di aver pagato quello stesso oggetto sensibilmente meno di quanto lo hanno pagato tutti gli altri, indipendentemente dal suo valore o dal rapporto qualità/prezzo.

Purtroppo, però, sorge un problema. Questo non può avvenire in un negozio. Acquistando in un qualsiasi negozio, per quanto poco possa costare l'oggetto in questione, voi comunque *non* risparmierete! Perché? È molto semplice. Quando voi entrate in un negozio, scegliete, comprate un oggetto e uscite. Ma come ci è arrivato in negozio quell'oggetto? Il processo è abbastanza lungo e complicato, ma non vogliamo annoiarvi, perciò ve lo riassumeremo in poche semplici parole.

L'oggetto (capo d'abbigliamento, gadget ecc...) viene prodotto da una ditta nella quale lavorano numerose persone. Questo oggetto è fatto di qualche materiale, che sovente viene prodotto da un'altra azienda ancora. Una volta che l'oggetto è pronto, viene finalmente consegnato alla ditta che vi metterà il proprio nome sopra.

Ma non finisce qui, perché l'oggetto dovrà essere distribuito. Se è prodotto nello stesso paese in cui viene venduto, il costo di distribuzione c'è, ma sarà un po' più limitato. Ma se l'oggetto viene importato, i costi di trasporto lieviteranno enormemente. Nei costi di trasporto, naturalmente, inserisco anche carburanti, mezzi, assicurazioni, dogane ecc. Ovviamente, sulla vendita dell'oggetto deve guadagnarci anche il negozio che vi appone una maggiorazione di prezzo. Bene, a questo punto domandatevi: «Chi paga tutto ciò?» *Il cliente: cioè voi.*

Già, purtroppo è così. Perché, quando leggete il prezzo sul cartellino, in quella cifra è compreso tutto quanto sopra descritto. E il costo dell'oggetto? Di solito, a conti fatti, è *molto più basso di quanto pensiate.* I costi maggiori, che vanno a creare la cifra che leggerete sul cartellino, non sono mai quelli effettivi di produzione dell'oggetto!

Ma abbiamo un'ottima notizia per voi! E se vi dicessimo che potete avere lo stesso oggetto quasi a costo di produzione? In che modo? Comprandolo su Internet!

Sì, perché su Internet avete non solo molta più possibilità di scelta, ma anche la concreta occasione di risparmiare. Acquistando un oggetto su Internet, non dovrete subire più la maggiorazione del prezzo da parte del negoziante. Spesso, purtroppo, i negozianti aumentano fin troppo il prezzo dei prodotti in vendita. Ma, grazie all'acquisto su Internet, non dovrete più subire tutto ciò.

Su Internet non c'è nessun intermediario a prendere la propria parte di denaro. Siete soltanto voi e il venditore. Tutto ciò è molto vantaggioso non soltanto per voi, ma anche per lo stesso negoziante.

Vi spieghiamo perché sia voi sia il venditore trarrete un enorme vantaggio dalla compravendita online. Vendere online è molto vantaggioso, però c'è moltissima concorrenza che, come tutti sappiamo, porta i venditori ad abbassare al minimo il prezzo di vendita.

Quindi, su Internet avete la certezza di trovare il prodotto che state cercando al prezzo più basso possibile. Immaginatela un po' come una gara in cui i venditori sono gli atleti. Come ben sappiamo, nelle gare c'è un'elevatissima competizione e ogni atleta vuole arrivare primo al traguardo, o effettuare il punteggio migliore.

Quindi cosa potranno fare questi atleti? Allenarsi tutto l'anno per la gara, preparando muscoli, resistenza e fiato, per poi potere salire sul podio. Durante la gara, daranno il meglio di sé cercando di essere più veloci degli altri. Solo in questo modo potranno conquistare il primo posto e battere gli avversari.

Ebbene, ciò è più o meno quello che avviene nella vendita online. Dovete tenere presente una cosa: mentre nel vostro quartiere magari si trovano pochi negozietti, che detengono quasi una sorta di monopolio, su Internet la parola "monopolio" è praticamente inesistente. Perché? Perché colui che vende, per esempio libri o oggetti tecnologici, non potrà certo sperare di essere l'unico in tutta la rete.

Ecco che allora il venditore ha forse ancora più interesse di voi a tenere il prezzo più basso della concorrenza. Esattamente come facevano gli atleti. Migliore sarà il coach, migliore sarà la preparazione, migliore sarà l'allenamento, migliore sarà il rendimento nella gara.

Infatti, se ci avete fatto caso, molti negozi online hanno iniziato a utilizzare un motto quanto mai curioso: «Se trovate su altri siti questo oggetto a un prezzo più basso, vi rimborsiamo 10 volte la differenza!»

Il motto è, a grandi linee, uguale un po' ovunque. Variano solo gli aspetti del rimborso. So cosa vi state chiedendo in questo momento: «Figuriamoci se girando un poco, non riesco a trovare la stessa cosa a meno!»

Ebbene, lo scopo dei negozi online è proprio questo. Grazie ai loro prezzi estremamente concorrenziali, rendono questa ipotesi praticamente impossibile!

Effettivamente, moltissimi negozi online praticano sconti o prezzi davvero bassi, ma resta comunque un minimo di rischio con uno slogan del genere.

Poi, però, si scopre che effettivamente non ci sono prezzi più bassi in giro. Anche perché, comunque, per determinati prodotti, dovete sempre tenere a mente che nessuno può andare più in basso di un determinato prezzo imposto dalla ditta.

Il vantaggio di Internet, però, è che potete tranquillamente trovare il prodotto al prezzo imposto dalla fabbrica, evitando quindi le maggiorazioni di prezzo dovute ai trasporti, alle dogane, alle tasse, al negoziante che ci vuole guadagnare sopra ecc. Ciò semplifica molto le cose e le rende decisamente più trasparenti.

SEGRETO n. 5: acquistare online è più economico perché si evitano i rincari dovuti ai costi di distribuzione.

Acquisto di file digitali

Arrivati a questo punto, dobbiamo specificare una cosa. Su Internet non abbiamo solamente la possibilità di comprare oggetti, ma anche "prodotti digitali".

Gli esempi più conosciuti, e che stanno riscuotendo sempre maggiore successo, sono:

- canzoni;
- libri;
- film;
- programmi per computer;
- fotografie.

Oggi tutti questi "prodotti" sono ormai facilmente scaricabili sul nostro computer. Ciò rappresenta bene la comodità dell'acquisto online.

In breve tempo, possiamo acquistare e scaricare musica, film, foto ecc., per potercele godere tranquillamente a casa. Inoltre, grazie alla connessione ADSL, oggi il download di questi file avviene realmente in brevissimo tempo. In pochi minuti possiamo avere sul nostro computer l'ultimo disco del nostro artista preferito, completo di copertina e ottima qualità sonora.

Sono sempre più numerosi i siti Internet che mettono a disposizione film a prezzi bassissimi. Ci sono, inoltre, milioni di siti dai quali possiamo scaricare sul nostro computer immagini da usare come meglio preferiamo.

Pensate alla comodità di avere musica, immagini e film in un attimo sul vostro computer! Questo esempio vi fa capire ancora meglio la comodità dell'acquisto online.

SEGRETO n. 6: i file digitali sono acquisti convenienti e immediati: musica, film e libri sono sul vostro PC pochi secondi dopo l'acquisto.

Il download illegale

Questo è un argomento particolarmente delicato, sul quale non vogliamo soffermarci molto, ma che non potevamo esimerci dall'affrontare.

Il download illegale è quanto di più *sbagliato* possa esserci! So che molti di voi alzeranno gli occhi al cielo e penseranno alla solita predica, ormai ripetuta ovunque, ma non è così. Continuate a leggere e capirete il perché. Scaricare da Internet musica, film, programmi ecc. in modo illegale è assolutamente sbagliato. Chiariamo bene: non vietato, *sbagliato.*

Perché? Se fosse vietato, vi garantisco che non lo potreste fare. E nessun hacker (per quanto bravo) potrebbe eludere divieti del genere. Se pensate che stia esagerando, è bene che sappiate che, in paesi come il Giappone, quando una persona viene scoperta a scaricare illegalmente un qualsiasi file, automaticamente viene privata (spesso a vita) della connessione a Internet.

Il download illegale, in altri paesi, sulla carta sarebbe vietato ma, in realtà, viene tollerato. Se venisse realmente vietato, nessuno potrebbe farlo. Certo, poter avere gratuitamente ciò che normalmente si pagherebbe è qualcosa che fa gola a tutti. Però vi assicuro che acquistando online avete la certezza di pagare molto di meno qualsiasi cosa.

Il crollo del settore discografico

Chiunque di voi nel proprio computer ha almeno un Mp3. Una canzone che ha scaricato o che ha trasferito da un CD. Anzi, il PC stesso viene fornito con alcuni file Mp3 di prova audio. Ebbene, l'Mp3 ha due principali accezioni: una positiva e una negativa.

L'Mp3 (per esteso, Moving Pictures Expert Group-1/2 Audio Layer) è un algoritmo di compressione audio in grado di ridurre drasticamente la quantità di dati richiesti per memorizzare un suono, rimanendo però, ugualmente, una riproduzione di qualità sonora fedele.

Chiunque ormai ha familiarità con questo formato. La parola Mp3 è diventata di uso comune. Tutte queste sono accezioni decisamente positive! Purtroppo, però, come in ogni cosa, esiste un rovescio della medaglia. La leggerezza del file, la crescente possibilità per chiunque di creare un Mp3, hanno dato il via al più grosso danno mai fatto al mondo musicale.

Non fraintendeteci, l'Mp3, come abbiamo detto, è una rivoluzione in larga parte positiva. Purtroppo, però, ha dato la possibilità a persone come Shawn Fanning di creare il primissimo programma di cosiddetto file-sharing, cioè di condivisione di file: *Napster*.

Anche se da molti veniva considerato un motore di ricerca, Napster, sostanzialmente, permetteva a chiunque di mettere a disposizione un qualsiasi file (all'inizio prevalentemente appunto Mp3) dando la possibilità a tutti coloro che avevano il programma di scaricare il suddetto file in modo totalmente gratuito. Non serve dire che sul web ciò suscitò un enorme successo di utenti!

Il problema, però, è che questa enorme innovazione mise letteralmente in ginocchio l'intera industria discografica. Certo, non nell'immediato, ma quasi. Immediatamente la gente scoprì che poteva ottenere in maniera gratuita ciò che prima pagava e, diciamocelo, l'occasione fa l'uomo ladro!

Nel 2001, un giudice ordinò ai server di Napster di chiudere l'attività, a causa di una ripetuta violazione del copyright. La sentenza fu parzialmente eseguita e il programma fu acquistato da una multinazionale tedesca. Problemi legali successivi imposero la totale e completa chiusura di Napster. In seguito, la Roxio, azienda statunitense, comprò Napster che divenne un sito di download legale di musica a pagamento.

Ciò, però, non ha modificato la situazione venutasi a creare. Moltissime case discografiche hanno chiuso e altrettanti artisti si sono trovati in mezzo a una strada. Oggi per un artista la maggiore fonte di guadagno sono i concerti. Il download illegale di musica è diventato abitudine tra i giovanissimi e non solo! In questo modo, però, nessuno ha ancora capito che non sta rovinando solo la discografia, ma anche se stesso!

Spesso capita di sentire persone che si lamentano se un artista o un cantante ha un successo "troppo" prolungato. Ebbene, questo è uno delle migliaia di effetti collaterali della pirateria informatica. Se a un'azienda mancano soldi da investire, non assumerà più nessuno. E, quindi, al suo interno continueranno a lavorare sempre e solo le stesse persone, che comunque non otterranno lo stesso successo avuto prima.

Non ci sembra molto rosea come situazione. E questo è ciò che avviene "grazie" alla pirateria. Certo, potreste pensare: «Non è un mio problema». Vero, però quando saranno le aziende dalle quali andate a bussare per ottenere un posto di lavoro a non avere i soldi da investire in nuove persone, un vostro problema lo diventerà eccome!

Detto questo, il nostro consiglio personale è: acquistate su Internet musica, film, libri, foto ecc. Non solo per una questione morale, ma anche per ottenere una qualità del prodotto maggiore.

SEGRETO n. 7: la pirateria informatica, seppur all'apparenza non ci tocchi, è davvero dannosa per tutti noi.

RIEPILOGO DEL CAPITOLO 2:

- SEGRETO n. 5: acquistare online è più economico perché si evitano i rincari dovuti ai costi di distribuzione.
- SEGRETO n. 6: i file digitali sono acquisti convenienti e immediati: musica, film e libri sono sul vostro PC pochi secondi dopo l'acquisto.
- SEGRETO n. 7: la pirateria informatica, seppur all'apparenza non ci tocchi, è davvero dannosa per tutti noi.

CAPITOLO 3:
Come difendersi dalle "truffe legalizzate"

Sapete che il vostro cellulare è più pericoloso di una carta di credito?

Probabilmente no, non lo sapete. Esattamente come il computer, oggi chiunque ha almeno un telefono cellulare. Molti di noi spesso organizzano la propria vita con un cellulare. Ciò è sicuramente comodissimo e all'avanguardia. In mano potete avere non solo un telefono ma, praticamente, quasi un computer!

Navigate su Internet, ascoltate musica, fate fotografie e video, leggete libri, giocate ecc... Ovunque voi siate. Anche ai nostri figli, quando cominciano ad avere 7-8 anni, ormai regaliamo un cellulare.

Sovente, senza ammetterlo, è per controllarli un po' di più o, magari, perché se hanno bisogno di noi basta poco e ci possono chiamare. I nostri figli, a differenza nostra, si preoccupano un po' meno e lo usano soprattutto per comunicare con gli amici. Ma chiunque possiede un cellulare, come tutti sanno, per poterlo utilizzare deve possedere una SIM Card, la schedina che viene inserita nel telefono e che permette di avere un numero e poter telefonare. Questa SIM viene ovviamente ricaricata (nel caso sia, appunto, una ricaricabile) con soldi.

Quindi, se ci ragionate un attimo, la SIM Card non è nient'altro che un conto corrente. Sì, avete letto bene, un conto corrente. La vostra SIM non si discosta per nulla dalla carta di credito! Quando fate una telefonata, o spedite un SMS, non portate certo 0,12 centesimi, o alcuni euro, al negozio del vostro operatore telefonico. Cosa fate? Acquistate una ricarica (oppure la fate tramite carta di credito).

D'altra parte pensateci un attimo: quando ricevete il messaggio che vi informa sui soldi di ricarica rimasti, cosa recita? «Credito residuo», esattamente come una carta di credito. Ecco spiegato, in pochissime parole, il funzionamento del vostro cellulare! In questo caso, la vostra paura a utilizzare una carta di credito su Internet è del tutto infondata! Perché *il vostro cellulare è 1.000 volte più soggetto a truffe di un acquisto su Internet*. Non ci credete? Leggete il prossimo paragrafo.

La truffa delle suonerie

Pensate al vostro artista preferito o alla cantante che più vi piace. Fatto? Bene. Immaginiamo che non vi dispiacerebbe avere una delle sue canzoni più forti come suoneria sul vostro cellulare al posto del solito "drin drin" di impostazione base!

Perfetto! Siamo d'accordo! Allora la potete avere! Come? Be', se non lavorate nel campo musicale, non avete un qualsiasi programma per tagliare file audio, oppure ce l'avete ma non sapete usarlo, basta che andiate semplicemente su un qualsiasi sito che vende suonerie. Su Internet ce ne sono a migliaia! Quello che segue ne è un esempio:

Come si può notare, sulla Home Page, in alto, campeggia la pubblicità che recita: «Top suonerie Lady Gaga». Tutte le altre immagini che vedete di contorno sono prevalentemente giochi per il vostro telefono che, esattamente come le suonerie, potete acquistare a un prezzo bassissimo, mandando un semplice SMS al numero 481188, con il codice del gioco e della suoneria! Facile, no?

In un attimo potete avere la vostra suoneria preferita, già perfettamente impostata sul ritornello, che tutti conoscono, pronta per essere utilizzata. Questo è un altro esempio:

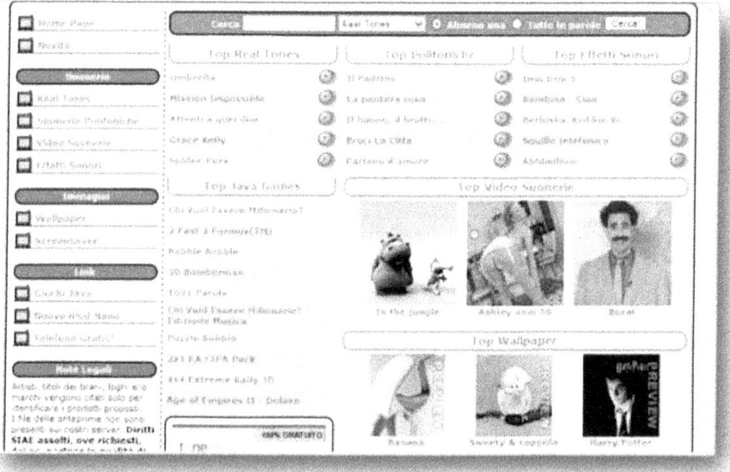

Guardate quante possibilità di scelta ci sono! Suonerie, suonerie polifoniche, effetti sonori, giochi per cellulari, sfondi per computer, sfondi per telefoni, video suonerie ecc... Effettivamente c'è solo l'imbarazzo della scelta! Addirittura a sinistra c'è la possibilità di telefonare gratis.

Peccato però che, come in tutte le cose, non sia tutto oro quello che luccica. Ora vi daremo una notizia che sicuramente molti di voi già sapranno, ma che altri ancora non sapevano.

Questi siti sono truffe legalizzate. È bene che ve lo ripetiamo: *truffe legalizzate.* Nulla di più! Non ce ne vogliano tutti coloro che lavorano per siti Internet di questo tipo. La nostra non è cattiveria, ma solo informazione.

È giusto che chiunque, prima di effettuare un acquisto, sappia a cosa va incontro, perché dopo non sempre sarà possibile rimediare. Perché provando ad acquistare una di queste suonerie, ciò che successivamente appare recita così: «Servizio in abbonamento. Contenuti disponibili: due contenuti a scelta, per *5 euro alla settimana* + traffico WAP».

Quanto costi il servizio telefonico per aiuto o informazioni non ci è dato saperlo, perché la cosa viene rapidamente liquidata con la scritta "tariffa nazionale". Anche sul secondo sito le tariffe sono identiche e, anche lì, non ci è permesso sapere quanto spenderemmo per chiamare il numero.

Obiettivamente, vi sembra trasparenza questa? A noi personalmente no. Lo so, voi starete pensando che 5 euro alla settimana non è poi molto. In compenso ho contenuti a scelta, posso avere suonerie, giochi, sfondi ecc.

Tutto vero. Però, innanzitutto, non viene specificato quanto dura il servizio. Cioè, voi non dovete sapere per quante settimane dovrete pagare i famosi 5 euro.

Non dovete certo pensare che il tutto duri una sola settimana! Il servizio viene definito "in abbonamento" e ciò significa che voi continuerete a pagare anche se non desiderate più il servizio.

E non pensiate nemmeno che sia semplice disattivare l'abbonamento. Quanto costa chiamare il numero per la disattivazione non è specificato e, di solito, il costo non è basso. Tutto questo per *non* avere la suoneria che volete! Sì, avete letto benissimo. *Non avere* la suoneria che volete. Questo lo posso dire per esperienza personale.

Parecchi anni fa, ho visto su un giornale la pubblicità di uno di questi servizi di suonerie. Era uno dei primi e su Internet non esistevano ancora. Sapevo benissimo a cosa rischiavo di andare incontro ma, un po' per curiosità, un po' perché avevo trovato una suoneria che mi piaceva, decisi di chiamare il numero per farmela inviare.

Ebbene, dopo vari tentativi a un famoso 199, non solo feci fatica a farmela mandare, ma quella che mi arrivò non era assolutamente la suoneria che avevo chiesto io! Ecco come funziona il servizio trasparenza di questi famigerati siti.

È vero, da parte loro mi potrebbero contestare che però c'è scritto che si tratta di un servizio in abbonamento. Mi potrebbero dire che il costo settimanale è scritto chiaramente. Sì, ma nulla di tutto ciò è spiegato nello specifico. È tutto estremamente fumoso.

Come abbiamo detto, non viene specificato per quanto tempo dovrete pagare i 5 euro. E sappiate, per informazione, che un abbonamento non può durare una sola settimana.

Dovete stare ben attenti a truffe legalizzate come questa. Legalizzate perché questi siti rispettano, o dovrebbero rispettare, la legge. In realtà, la legge la rispettano. Peccato che non spieghino in modo chiaro i loro termini contrattuali! Quindi voi attivate un servizio, ma non sapete a cosa andate incontro.

Inoltre, si dice che ai 5 euro settimanali si aggiunge il "traffico WAP". Il traffico WAP consiste nella connessione a Internet di alcune tipologie di telefoni cellulari. Gli altri hanno un tipo di connessione diversa. Sappiate che le connessioni a Internet effettuate in WAP hanno costi elevatissimi!

Vi riportiamo il commento di un utente trovato su un forum: «Non so se vi è già capitato, ma a me in 5 giorni di connessione WAP automatiche avvenute ogni 10 minuti, si sono mangiati 38 euro di credito».

Un altro ancora recita: «Mi è successa la stessa cosa! Importo in bolletta stratosferico, 3.000 euro! Dal traffico WAP risultano centinaia di connessioni con pacchetti scaricati che non ho assolutamente effettuato!»

La compagnia telefonica gli ha risposto che ciò «potrebbe essere dovuto a un uso incauto del servizio» che, spiegato in parole povere, significa: hai scaricato col telefono cellulare cose che non dovevi scaricare!

Ma non finisce qui: «Sono disperato, ho appena saputo che, dalla mia carta di credito, il mio operatore telefonico ha prelevato ben 4.622,73 euro per il bimestre luglio/agosto, importo dovuto al superamento del traffico dati (connessione a Internet). Ma la cosa che più mi spaventa è l'impossibilità di conoscere la situazione attuale, temo un'altra batosta». E via dicendo.

Solo qualcuno ha la geniale idea di addurre queste connessioni automatiche a Internet a qualche programma che si connette in automatico. Un programma che fa connettere a Internet in automatico? Purtroppo sì!

SEGRETO n. 8: le schede SIM sono mini carte di credito sempre in attività; evitate di cadere nella trappola degli abbonamenti.

La truffa dei dialer telefonici

Si tratta di una truffa ormai vecchissima, un cosiddetto "classico". Migliaia di persone, se non milioni, ci sono incappate almeno una volta nella vita. A moltissimi è capitato di scaricare involontariamente un dialer sul telefono cellulare o sul computer.

In telecomunicazioni, un dialer è un programma per computer, o per telefono cellulare, di pochi kilobyte, quindi molto veloce da scaricare, che crea una connessione a Internet, a un'altra rete o semplicemente a un altro computer.

In inglese *to dial* significa "comporre" ma, per quanto le diverse accezioni del termine esistano anche nella lingua originale, comunemente si intendono programmi associati a **elevate tariffazioni**, spesso nascondendo frodi o truffe.

Quindi, fondamentalmente, un dialer è un "compositore" di

numeri telefonici. Rappresenta un tramite per accedere a servizi come, appunto, suonerie, giochi ecc... sovrapprezzo o a tariffazione speciale.

Il dialer è un programma auto-eseguibile. Significa che si auto-installa o si auto-attiva senza che voi nemmeno ve ne accorgiate. Altera i parametri della connessione a Internet da voi impostati, agendo sul numero telefonico del collegamento e sostituendolo con un numero a **pagamento maggiorato** su prefissi internazionali satellitari o speciali.

Ciò vuol dire che tutti quei "misteriosi" collegamenti automatici, che lamentavano gli utenti poche righe sopra, erano completamente dovuti a dialer. Quindi avevano sul loro telefono cellulare connessioni a Internet non volute!

Peccato, però, che la compagnia telefonica i loro soldi li volesse eccome! Infatti, i programmi dialer sono creati per connettersi a numeri a tariffazione speciale all'insaputa dell'utente! Pochissimi riportano, in modo molto confuso, l'indicazione del costo.

Tutti gli altri dialer utilizzano metodi **illegali**, rientrando perciò nel reato di truffa. Il nostro consiglio, quindi, qual è? Quello di **evitare** assolutamente i siti che offrono:

- suonerie;
- loghi per cellulari;
- giochi per cellulari;
- sfondi per cellulari.

O meglio, evitate tutti i siti che mettono a disposizione, a pagamento, contenuti come questi. Non ci contraddiciamo però: non dovete violare il diritto d'autore e scaricare gratis una suoneria!

Su Internet esistono decine di migliaia di programmi *gratuiti* che permettono, in pochi e semplici passi, la creazione di una suoneria dalla canzone originale. L'Italia è il paese nel quale, dai primi anni Novanta a oggi, le truffe per dialer hanno registrato il maggior numero di denunce. Sappiate, inoltre, che il denaro che viene prelevato per pagare le connessioni effettuate da questi dialer viene preso dalla vostra carta di credito! Perciò prestate attenzione a quello che fate, quando siete su Internet!

Le carte prepagate ricaricabili

Non diteci che il paragrafo precedente vi ha spaventato. Non ne avreste davvero ragione. Sapete perché? Perché ora avete questa guida! Potete, in qualsiasi momento, consultarla e fare ciò che vi si consiglia Ma se ancora siete troppo preoccupati per l'utilizzo della vostra carta di credito su Internet, sappiate che esistono numerose soluzioni per ovviare questa vostra insicurezza! La prima è proprio la *carta prepagata ricaricabile.*

Negli Stati Uniti, qualsiasi ragazzino possiede una carta prepagata ricaricabile sulla quale mette i soldi che riesce a guadagnare e con cui effettua vari acquisti online. La carta prepagata è una carta di pagamento che viene caricata attraverso bonifici o deposito di denaro contante. Per i giovani, la **Genius Card** è un'ottima soluzione. Eccola:

A questo indirizzo di Unicredit potete trovare le diverse carte che vi possono servire. Ma ormai ogni banca offre questo servizio che, come potete vedere, è semplicissimo.

La carta prepagata ricaricabile vi permette di fare una cosa comodissima: caricare denaro poco per volta. Mi spiego. Non è necessario che in quella carta ci mettiate tutti i vostri risparmi. Potete caricare piccole cifre, necessarie solo per le spese che volete effettuare. Quando poi vorrete comprare altro, basterà che ricarichiate della cifra che vi serve. Nulla di più facile.

In questo modo, se anche qualcuno riuscisse a clonare la vostra carta prepagata, quello su cui metterebbe le mani, se seguite i miei consigli, sarebbe un bel pugno di mosche! O, se proprio siete sfortunati, potrebbe al limite rubarvi 5 o 10 euro. Ma, non essendo grandi cifre, con un rapidissimo controllo, ve ne potreste accorgere subito e bloccare la carta. Una volta bloccata la carta (esattamente come una normalissima carta di credito) nessuno potrà più usarla. Voi potrete averne un'altra nuova e il truffatore rimarrà a bocca asciutta. Comodo, no?

Quello che però va specificato è questo: queste carte, in realtà, non sono nate per offrire un'alternativa valida all'utilizzo di carte di credito. In altre parole, la carta prepagata ricaricabile non sostituisce la normale carta di credito.

Dopo aver letto questa guida, sapete che i pagamenti online sono sicuri. Le carte prepagate, quindi, sono nate essenzialmente per due motivi:

- Fare in modo che chi ancora non ha letto questa guida, e quindi continua ad avere l'ingiustificata paura di usare la carta di credito, possa comunque comprare online, perché, come scritto prima, la carta prepagata può essere ricaricata con piccole cifre e quindi diventa totalmente inattaccabile da eventuali furbetti.
- Fare in modo che i ragazzi giovani possano avere a disposizione del denaro digitale e quindi possano diventare acquirenti attivi senza il continuo bisogno di chiedere soldi ai genitori. Inoltre, cosa importantissima, dotare il proprio figlio di una carta prepagata ricaricabile lo aiuta incredibilmente nella sua responsabilizzazione. Comincia, cioè, a imparare a usare il denaro. Può caricare sulla carta la sua "paghetta" e

imparare ad abituarsi a quello che sarà il futuro degli acquisti (ovviamente risparmiando).

PayPal

PayPal è una delle più grandi e fantastiche invenzioni di questi ultimi anni. Il sistema PayPal è un sistema di pagamento online che permette a qualsiasi consumatore o azienda, che disponga di un indirizzo email, di inviare e ricevere pagamenti. Con una semplicissima registrazione gratuita, chiunque può aprire il proprio account in modo da poter effettuare e ricevere pagamenti, grazie alla email che si è impostata. Naturalmente, al proprio account si può associare una carta di credito o una prepagata, in modo da poter trasferire immediatamente i soldi ricevuti.

Perché Paypal è un sistema più sicuro di tutte la altre carte di credito? L'idea di base di PayPal consiste nell'effettuare trasferimenti e transazioni di denaro, senza condividere i dati della propria carta con il destinatario del pagamento. Oltretutto, inviare denaro è completamente gratis. Ricevere un pagamento, invece, ha una piccola commissione.

Tra l'altro, un'altra cosa comodissima è che PayPal accetta pagamenti in ben 24 valute! Potete pagare o ricevere soldi da chiunque, in completa sicurezza, in tutto il mondo. Pensate che, in base alle ultime ricerche, nel mondo ci sono 231.501.945 conti attivi. Solo in Italia ci sono ben 5 milioni di conti attivi!

Ma le buone notizie non finiscono qui. Quando attivate un conto PayPal, potete scegliere lo strumento di pagamento che preferite utilizzare. Potete associare il vostro conto PayPal a una carta di credito o a una prepagata, oppure, ricaricare con bonifico bancario e pagare o farsi pagare online, con maggiore *fiducia* grazie agli efficienti sistemi antifrode attivi 24 ore su 24!

Addirittura, PayPal offre una sorta di "sistema di protezione" che tutela gli utenti che utilizzano PayPal su eBay. Questa tutela va a coprire l'intero importo dell'acquisto, comprendendo persino le spese di spedizione. Ciò, ad esempio, nel caso che l'oggetto acquistato non vi arrivi, oppure sia diverso dalla descrizione. Comodo, vero? Potete aprire il vostro conto PayPal cliccando qui.

SEGRETO n. 9: le carte prepagate e PayPal possono essere una valida opzione, anche per i più diffidenti, per iniziare ad acquistare online.

I banner

La parola banner in inglese vuol dire "striscione" ma, più semplicemente, la striscia pubblicitaria che appare all'inizio o alla fine di una pagina web è un banner. Molti di questi possono fornirci informazioni utili e, magari, proprio quello che stiamo cercando. Riescono a indirizzarci con più facilità a ciò che cerchiamo.

Purtroppo, però, non tutti i banner sono "innocenti" come sembrano. Non fidatevi dei siti con centinaia di pubblicità, annunci e promesse incredibili. Al 99 % sono truffe!

Evitate poi tassativamente anche un'altra cosa. Questo non finirò mai di ripetervelo: *evitate assolutamente di cliccare su banner vari che assicurano o promettono cose impossibili!* Stiamo parlando di banner come questo:

Qui viene promessa, a grandi linee, una muscolatura perfetta in breve tempo, dando la falsa possibilità di poter vedere tre errori che possono rovinare i muscoli e quindi farveli evitare. Ecco, sappiate, una volta per tutte, che ciò è *impossibile*. Ci vogliono mesi, se non anni, di palestra per avere un buon fisico. Ci vuole inoltre la consulenza di un esperto che abbia studiato appositamente e che faccia quel lavoro.

Ricordate bene questa frase: *nessuno regala nulla*. Tutto si paga, anche le cose che non si vorrebbero. E, ovviamente, ognuno, tenta di guadagnare soldi truffando l'ignaro utente. Ogni giorno vengono proposte possibilità infinite, più o meno credibili. Il problema, però, è che in questo modo si rischia di non fare attenzione a ciò che realmente potrebbe interessarci, credendolo una fregatura. Un altro esempio molto frequente è questo:

Anche se per molti di voi è chiaro che si tratta di una comunissima truffa, sappiate che altrettante persone come voi ci cascano quotidianamente. A prescindere dal fatto che la data e l'ora sono completamente sbagliati (infatti la preparazione di questa guida è avvenuta nel 2011!), sappiate che non esiste nessun magico "generatore casuale" e che non siete nemmeno il 999.999esimo visitatore!

Alcuni, per esempio, vengono usati per registrare la sequenza dei tasti che digitate sulla vostra tastiera. Altri fanno degli *screenshot*, cioè delle fotografie dello schermo del vostro computer, mentre magari siete sul sito della vostra banca.

Non pensiate però di sentirvi al sicuro solo perché il vostro computer funziona regolarmente. Lo scopo di questi crimeware è proprio quello di non mostrare la loro presenza e non impedire la navigazione online, perché è da quella che riescono a trarre le informazioni. Ma come potete capire se il vostro computer è stato infettato?

Dovete stare attenti a dei piccoli indizi. I segnali che possono farvi capire se il vostro computer è stato infettato da un crimeware sono solitamente questi:

- il vostro software antivirus continua a rilevare molti file infetti nonostante voi li eliminiate o li spostiate in quarantena;
- il vostro PC si comporta in maniera strana e diversa dal solito;
- compaiono immagini o messaggi pubblicitari inattesi;
- il vostro computer vi comunica che un programma, che voi non usate, ha cercato di connettersi a Internet;

- i vostri amici vi comunicano che ricevono messaggi email dal vostro indirizzo di posta elettronica, senza che però voi li abbiate mai inviati;
- il computer è più lento del solito o, addirittura, si blocca.

Ora conoscete i segreti per individuare la presenza di questi pericolosissimi crimeware senza bisogno dell'assistenza di un tecnico!

Quando sospettate di essere stati infettati da un crimeware, o anche solo come buona abitudine preventiva, ricordatevi di fare regolari scansioni con programmi del tutto gratuiti, chiamati "Anti-Malware". Se invece ricevete una email con allegato non apritela, a meno che non conosciate chi ve l'ha inviata.

Vishing

Questo tipo di truffa è abbastanza nuovo e quindi ancora poco conosciuto. È legato all'utilizzo del Voip, ovvero le telefonate via Internet.

Le telefonate Voip sono, oltre che innovative, anche molto

convenienti: si ha un minore costo di chiamata, specialmente su lunghe distanze, e vi sono costi di infrastrutture più bassi. Ci sono poi nuovissime funzionalità avanzate e aggiungere nuove funzioni non significa la sostituzione dell'hardware.

Si possono, inoltre, mantenere numerosi numeri telefonici su un solo collegamento, salvare i messaggi vocali sul proprio computer ed effettuare telefonate gratis tra utenti dello stesso fornitore!

La truffa del vishing avviene solitamente in questo modo. Il criminale si spaccia per una banca riuscendo anche a far comparire il vero numero del vostro istituto di credito sul display del vostro telefono. In questo modo riesce a indurre l'ignara vittima alla comunicazione dei propri dati personali di accesso, al fine di risolvere fantomatici (e falsi!) problemi, oppure per rendere di nuovo sicuro il proprio account.

In questo caso si fa leva soprattutto sulla totale fiducia che la vittima ripone in una persona che sembra essere autorizzata a chiedere informazioni private. Ma il truffatore, se particolarmente abile, può anche riuscire ad attaccarsi ai Call Center che le banche delocalizzano, per esempio nei paesi dell'Est, in quanto più economici, e, con l'aiuto di software incredibili, riesce a carpire i dati dell'utente senza nemmeno che l'utente o la banca se ne accorgano!

Pharming

Il pharming è una delle truffe più subdole che esistano! Prestate molta attenzione a quanto scriveremo di seguito, perché potrebbe servirvi più del previsto! Ogni volta che ognuno di noi digita un sito Internet, questo viene automaticamente tradotto in un **indirizzo IP.**

L'indirizzo IP serve per recuperare, su Internet, il percorso per raggiungere il sito web che avete digitato. Fondamentalmente, è come una mappa. Ma cosa può fare un truffatore con questo? È molto semplice. Il criminale realizza pagine Internet **identiche** a siti già esistenti come banche, assicurazioni ecc. In questo modo, il malcapitato utente è convinto di trovarsi, per esempio, nel sito della propria banca ed è indotto a compiere le normali operazioni sul proprio conto online.

Quindi, voi potete tranquillamente digitare il numero di conto corrente, il nome utente, la password, il numero di carta di credito ecc. E una volta fatto questo, per il truffatore sarà un gioco da ragazzi recuperare i dati e usarli come meglio crede a vostre spese!

Sniffing

Lo sniffing non ha nulla a che vedere con la droga. Si tratta, in realtà, di una pratica molto comune. Si tratta cioè dell'attività di intercettazione passiva dei dati che transitano sulla rete Internet, attraverso programmi chiamati appunto "sniffer", volta a monitorare e diagnosticare problemi relativi alla rete web.

Di per sé nulla di male. Purtroppo, però, qualche furbone decide di usare questa pratica per scopi illegittimi, quali appunto l'intercettazione di dati sensibili e privati, nomi login, password ecc. Fondamentalmente, nulla di nuovo. Il truffatore mira sempre principalmente ai vostri dati personali!

SEGRETO n. 11: evitate il più possibile di scaricare file sospetti da Internet.

Phishing

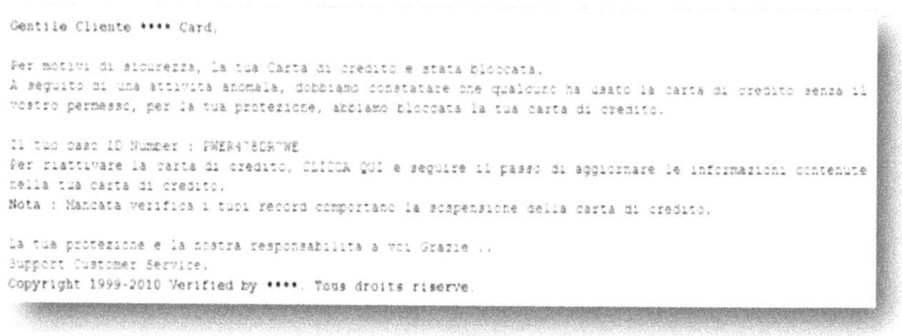

Gentile Cliente **** Card,

Per motivi di sicurezza, la tua Carta di credito e stata bloccata.
A seguito di una attivita anomala, dobbiamo constatare che qualcuno ha usato la carta di credito senza il vostro permesso, per la tua protezione, abbiamo bloccata la tua carta di credito.

Il tuo caso ID Number : PWER47EDR7WE
Per riattivare la carta di credito, CLICCA QUI e seguire il passo di aggiornare le informazioni contenute nella tua carta di credito.
Nota : Mancata verifica i tuoi record comportano la scapensione della carta di credito.

La tua protezione e la nostra responsabilita a voi Grazie ..
Support Customer Service.
Copyright 1999-2010 Verified by ****. Tous droits riserve.

Alzi la mano chi non ha mai ricevuto una email simile a questa. Chiunque riceve quasi ogni giorno email di questo tipo. Sicuramente, un minimo di scrupolo, potrà essere venuto a tutti!

In questo esempio sono stati censurati alcuni nomi, però ricevere un'email dalla propria banca o istituto di credito che ci segnala che la nostra carta di credito è stata bloccata è sicuramente una cosa che, quantomeno, insospettisce un po' tutti. O almeno dovrebbe.

Queste tipologie di email sono **uguali** in tutto e per tutto a quelle mandate effettivamente dalla vostra banca. Peccato, però, che messaggi come questo non provengano assolutamente dalla vostra banca! Queste email sono vere e proprie esche.

Infatti, la stessa parola "phishing" deriva proprio dalla storpiatura del verbo inglese che significa pescare. Peccato che qui gli unici pescati non siano pesci, ma degli stupidi! Come dicevamo, questi messaggi email hanno un aspetto ufficiale e, in apparenza, provengono proprio dal vostro istituto di credito o società che fornisce servizi su Internet.

Nel testo del messaggio, i truffatori presentano improcrastinabili esigenze di sicurezza che si traducono quasi nell'ordine di modificare i codici di accesso personali ai conti online, cliccando su di un link. Accedendo a quel link, però, vi apparirà una pagina web *uguale* a quella della vostra banca.

Purtroppo queste truffe sono congeniate estremamente bene. Spesso il lavoro che c'è dietro è tanto, ed è per questo che la truffa riesce, quasi sempre, bene. Nonostante ormai molti sappiano che non bisogna farsi abbindolare da trucchi del genere, sono ancora troppe le persone che ci cascano. Ma è proprio nell'evitare che ciò accada che risiede l'utilità di questa guida!

In buona fede, l'ignaro utente inserirà propri dati d'accesso e i phisher (coloro che congegnano la truffa del phishing) portano a segno il colpo rubando l'identità digitale del malcapitato, utilizzando i dati che ha inserito in questo sito Internet falso per poi prelevare denaro dai conti correnti delle vittime, fare acquisti o transazioni a loro nome!

Desidero portarvi un ulteriore esempio, per farvi meglio comprendere la gravità della cosa, ma soprattutto per **facilitarvi** l'evitare che ciò accada a voi!

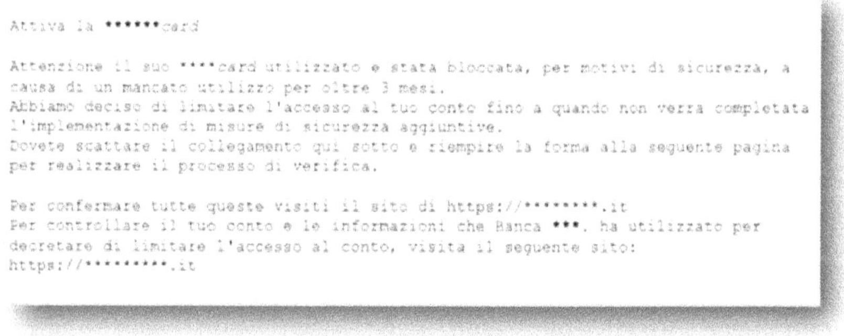

Attiva la ******card

Attenzione il suo ****card utilizzato e stata bloccata, per motivi di sicurezza, a causa di un mancato utilizzo per oltre 3 mesi.
Abbiamo deciso di limitare l'accesso al tuo conto fino a quando non verra completata l'implementazione di misure di sicurezza aggiuntive.
Dovete scattare il collegamento qui sotto e riempire la forma alla seguente pagina per realizzare il processo di verifica.

Per confermare tutte queste visiti il sito di https://********.it
Per controllare il tuo conto e le informazioni che Banca ***, ha utilizzato per decretare di limitare l'accesso al conto, visita il seguente sito:
https://*********.it

Come potete notare, vi si prospetta la possibilità di perdere l'uso dello strumento di pagamento. Ciò porta quindi a commettere l'errore più comune: cliccare sul link indicato. *Non fatelo mai!* **Mai!**

Il link che vi viene fornito nell'email vi reindirizza a un sito che però non ha assolutamente nulla a che vedere con la vostra banca o con la carta di credito indicata. Lo scopo del link è solo quello di rubare i dati che incautamente avete inserito e renderli disponibili al truffatore.

Effettivamente voi potreste obiettare che un tipo di email come quella che vi ho portato ad esempio è facilmente smascherabile e che voi non caschereste mai in un tranello del genere. Ma tenete presente che il truffatore non si scoraggia di certo! Anzi, di solito basta che anche un solo utente, magari un po' ingenuo, tra tutti quelli che hanno ricevuto questa email abbocchi, per permettere alla truffa di avere successo!

Oltretutto, il lavoro di preparazione per questo genere di truffe è parecchio basso. La creazione dell'email e la sua diffusione vengono effettuate tramite server altrui. Il passaggio più difficile da rendere automatico è il rapporto con l'utente che maldestramente risponde all'email. Va fatto con cura, tempo e attenzione, se il truffatore non vuole.

419

Qui ci troviamo di fronte a una delle truffe su Internet più famose e longeve. Nonostante questa longevità e, pensandoci bene, l'assurdità della storia, tantissime persone tutti i giorni ci cascano ripetutamente!

Vi spieghiamo in cosa consiste. In pratica, una persona di identità diversa per ogni caso (ma di solito africana) chiede immediato aiuto all'utente che riceve l'email.

In base al presunto africano, l'utente dovrebbe fungere da prestanome per riuscire a incassare grandissime somme di denaro. Di solito si parla di milioni di dollari. Quindi, se ci ragionate, la cosa risulta alquanto assurda.

Per poter incassare questo denaro, però, viene chiesto all'utente un contributo sommario per spese amministrative e burocratiche. Il numero 419 è il nome che viene dato a questa truffa. Prende spunto dal numero della legge che, in Nigeria, rende illegali questi atti.

Ma com'è possibile che tanta gente caschi ancora in truffe ridicole come questa? È molto semplice. Di solito il soggetto che chiede il contributo è: un missionario che chiede donazioni, un figlio di milionari africani, un ex ministro, un giovane rinchiuso in un campo profughi ecc.

Qualunque sia la persona che scrive, sostiene sempre e comunque di aver trovato un tesoro nascosto. Come potete immaginare, email come queste sono estremamente diffuse.

Di solito hanno testi simili, se non praticamente uguali. Contengono proposte fin troppo allettanti e chiedono *sempre* (in maniera più o meno celata) l'invio di dati personali e di denaro. Sapete cosa vi succede se rispondete? Ve lo spieghiamo subito.

Se, per un assurdo caso, qualcuno decide di compiere la follia di rispondere, si troverà a dover inviare dati privati e somme sostanziose di denaro! Inoltre, potrebbe anche succedere che il truffatore (sotto falso nome) chieda di volervi incontrare. E lì, nella migliore delle ipotesi, potreste anche essere rapinati! Ma i tipi di truffe informatiche non finiscono certo qui!

SEGRETO n. 12: navigate online e leggete la vostra posta prestando la massima attenzione ai dettagli.

Come vi coinvolgono nel riciclaggio del denaro delle frodi informatiche?

Esattamente come i criminali "fisici", anche quelli informatici hanno la necessità di riciclare il denaro che hanno ottenuto illegalmente attraverso le truffe via Internet. Perché il criminale ha bisogno di riciclare il denaro "sporco"?

Il criminale vuole evitare che le banche, per esempio, possano insospettirsi di un trasferimento, fatto in breve tempo, di grosse somme di denaro all'estero.

Ma come possono riuscire i truffatori a far passare inosservata un'operazione che attirerebbe molto l'attenzione? È molto semplice. Il criminale recluta delle persone per sfruttarne il conto bancario e rendere, così, più difficile l'individuazione della truffa. Ma chi mai potrebbe farsi reclutare? *Ognuno di voi.*

Già, avete letto bene, purtroppo. Tutti voi potreste essere inconsapevolmente complici (e nello stesso tempo vittime) del criminale. Il reclutamento viene fatto spedendo email nelle quali si promette un lavoro di **intermediatore finanziario**. Semplice, remunerativo e senza alcun rischio.
Gli unici requisiti richiesti sono:

- possedere un computer (ce l'ho!);
- avere un conto in banca (ce l'ho!);
- fornire i propri dati personali per essere ricontattati (ok, che problema vuoi che ci sia?).

«È il lavoro che fa per me!» Questo è quello che, disgraziatamente, potrebbe pensare ognuno di voi prima di leggere questa guida. In effetti sembra il lavoro ideale. Il problema, però, è che non è così. Le vittime vengono attratte dal miraggio dello stipendio sicuro, superiore a quanto si mai si sarebbero potute aspettare. E coloro che decidono di accettare diventano a tutti gli effetti *complici del truffatore nell'attività di riciclaggio.*

Si va in galera per questo. Dopo aver sottratto somme di denaro da un conto, infatti, l'azienda che fornisce il lavoro, o meglio il criminale, effettua un bonifico a favore della vittima. Quest'ultima riceve poi istruzioni per prelevare il denaro dal proprio conto bancario e trasferirlo verso altri conti nazionali o esteri, apparentemente di proprietà della pseudo-azienda.

Di solito il guadagno della vittima consiste in una minima provvigione sulla somma trasferita. Ma non crediate di poter fare chissà quali spese con quei soldi! Si tratta di cifre davvero piccole ma che, almeno all'inizio, possono mettere a tacere i dubbi che la vittima poteva avere.

Addirittura, per rendere più ufficiale il tutto, spesso alla vittima si richiede di firmare quello che sembra un reale contratto. Come questo:

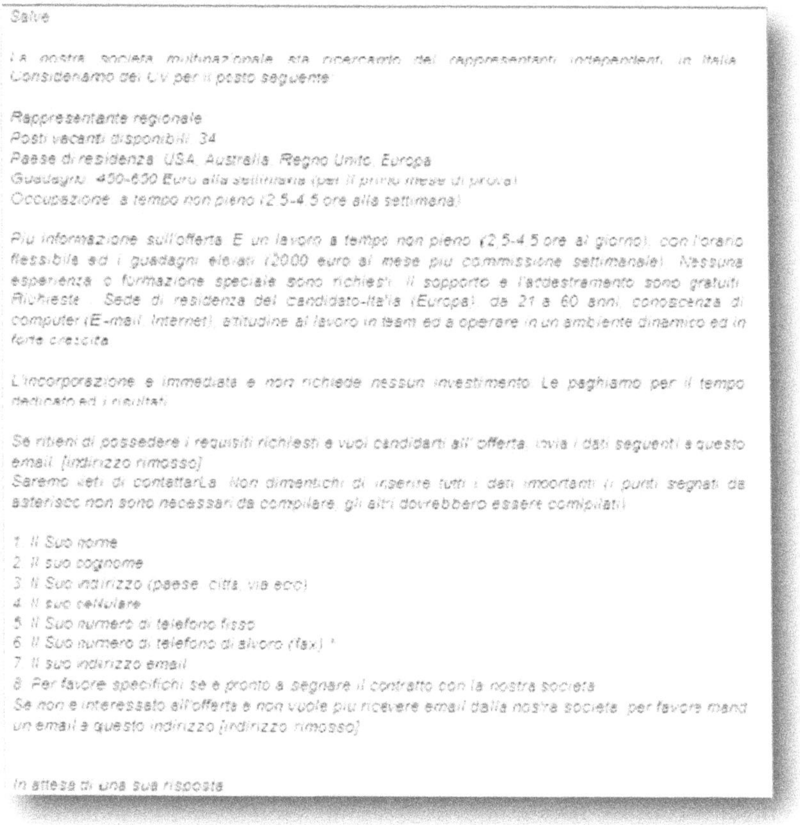

Salve

La nostra societa multinazionale sta ricercando dei rappresentanti indipendenti in Italia. Consideriamo dei CV per il posto seguente:

Rappresentante regionale
Posti vacanti disponibili: 34
Paese di residenza: USA, Australia, Regno Unito, Europa
Guadagni: 450-630 Euro alla settimana (per il primo mese di prova)
Occupazione: a tempo non pieno (2.5-4.5 ore alla settimana)

Piu informazione sull'offerta: E un lavoro a tempo non pieno (2,5-4,5 ore al giorno), con l'orario flessibile ed i guadagni elevati (2000 euro al mese piu commissione settimanale). Nessuna esperienza o formazione speciale sono richiesti. Il sopporto e l'addestramento sono gratuiti. Richieste: Sede di residenza del candidato-Italia (Europa), da 21 a 60 anni, conoscenza di computer (E-mail, Internet), attitudine al lavoro in team ed a operare in un ambiente dinamico ed in forte crescita.

L'incorporazione e immediata e non richiede nessun investimento. Le paghiamo per il tempo dedicato ed i risultati.

Se ritieni di possedere i requisiti richiesti e vuoi candidarti all' offerta, invia i dati seguenti a questo email: [indirizzo rimosso]
Saremo lieti di contattarLa. Non dimentichi di inserire tutti i dati importanti (i punti segnati da asterisco non sono necessari da compilare, gli altri dovrebbero essere compilati)

1. Il Suo nome
2. Il suo cognome
3. Il Suo indirizzo (paese, citta, via ecc)
4. Il suo cellulare
5. Il Suo numero di telefono fisso
*6. Il Suo numero di telefono di lavoro (fax) **
7. Il suo indirizzo email
8. Per favore specifichi se e pronto a segnare il contratto con la nostra societa
Se non e interessato all'offerta e non vuole piu ricevere email dalla nostra societa, per favore mand un email a questo indirizzo [indirizzo rimosso]

In attesa di una sua risposta

Ricordatevi una cosa essenziale: quando ricevete email di questo tipo, l'unica cosa da fare è *cestinarle immediatamente.* Non pensateci neanche lontanamente a rispondere. Vi andreste a mettere in guai dai quali, poi, sarebbe quasi impossibile uscire indenni!

Ma se per caso, anche dopo aver letto questa guida, avete comunque malauguratamente risposto all'email fornendo dati e coordinate bancarie, l'unico consiglio che posso darvi è di tenere costantemente sotto strettissimo controllo il vostro conto bancario. E alla minima anomalia, non esitate ad andare dalla polizia postale!

SEGRETO n. 13: fate attenzione alle email con evidenti errori grammaticali o strutturate in maniera sospetta e poco credibile.

Come prevenire i furti di identità?

Questo è un argomento essenziale per voi. Arrivati a questo punto della guida, dobbiamo capire come possiamo evitare le truffe. Abbiamo capito una cosa molto importante che ci tornerà utile: i truffatori sono **molto** furbi. Ma noi, fortunatamente, grazie a questa guida saremo più furbi di loro.

La primissima regola basilare da seguire per evitare e prevenire tutti i furti d'identità è questa: *non sottovalutare mai la furbizia dei ladri d'identità.*

Questi nuovi criminali hanno trovato in Internet una fonte inesauribile e incredibile di possibili “prede”, oltre, ovviamente, a una lunga serie di strumenti tecnologici sempre più efficaci per organizzare e realizzare la truffa.

Mentre nel mondo reale spesso riusciamo a capire se qualcuno ci sta fregando, in quello virtuale è quasi impossibile. I vostri dati potrebbero essere, in questo preciso momento, già a disposizione di numerosi criminali. La vostra fortuna è quella di aver acquistato questa guida, e non solo non vi pentirete dell’acquisto, ma la troverete **estremamente utile**.

Quindi, come potete proteggere la vostra identità? La reale ed effettiva protezione inizia proprio dal computer stesso. I metodi più rinomati per evitare questo genere di truffe sono sicuramente:

- mantenere il vostro antivirus aggiornato;
- controllare sempre che il Firewall sia attivo;
- avere un provider di posta che utilizzi il metodo “antispamming”;
- avere un browser web che disponga di un “antiphishing”;
- certificati digitali.

Scaricate quindi *sempre* gli aggiornamenti per i vostri computer, perché permettono l'eliminazione di qualsiasi errore. Vi permettono, inoltre, di stare al riparo da eventuali vulnerabilità del sistema stesso.

Quando poi ricevete un'email e non sapete da chi proviene, *non* dovete nemmeno aprirla. Soprattutto se vi accorgete che è scritta in un pessimo italiano (come negli esempi riportati prima).

Sappiate che anche le "web mail" (come Gmail, l'email di Google) vengono riconosciute e tracciate all'esterno. Di conseguenza, anche se credete di non aprirle con il vostro computer, vengono comunque scaricate nella memoria temporanea del PC dove possono compiere ogni tipo di danno!

Dovete quindi cancellare **immediatamente**, anche dal cestino, qualsiasi tipo di email proveniente da sconosciuti, perché potrebbe creare uno scambio di informazioni tra il vostro computer e quello di chi ha inviato il messaggio. Un'altra indicazione importantissima è questa: *non usate mai la stessa password per qualsiasi account!*

Ci spieghiamo. Se la vostra password per la posta elettronica, per esempio, è "ciao", non usatela anche per il vostro conto bancario online, per altri account di posta elettronica, per social network, per siti commerciali ecc.

Cambiate **sempre** la password, per ogni sito o servizio a cui vi iscrivete. E, soprattutto, cambiate le vostre password se sospettate che uno dei vostri account sia a rischio! *Evitate anche, possibilmente, di memorizzare PIN e codici vari nei vostri telefoni cellulari.*

SEGRETO n. 14: nel caso in cui siate già stati vittime di truffe, sappiate che la legge è sempre dalla vostra parte, ma che la prevenzione è l'arma migliore.

L'ideale sarebbe imparare a memoria tutte le proprie password. Quando cambiate una password, non cambiate solo un paio di lettere o numeri, ma adottate una password completamente differente.

Vi consigliamo, inoltre, di non usare mai computer pubblici

(come biblioteche, Internet cafè, Internet point ecc...) per controllare la vostra email o i vostri conti bancari. Non potete sapere se su quel computer sono stati installati dei programmi che memorizzano i codici che digitate. Evitate anche di ricaricare il vostro cellulare tramite Internet da computer pubblici.

Controllate *sempre* una cosa importantissima: quando siete su Internet, accertatevi che l'indirizzo del sito che visitate abbia all'inizio il prefisso **http:/** e controllate, inoltre, che sulla barra in basso a destra (o in alto in alcuni browser), vi sia il simbolo di un lucchetto o di una chiave non rotta, che indicano un sito sicuro e affidabile dove inserire i propri dati sensibili.

SEGRETO n. 15: seguite e applicate le 10 regole fondamentali per ridurre a zero i rischi di cadere in truffe.

RIEPILOGO DEL CAPITOLO 4:

- SEGRETO n. 11: evitate il più possibile di scaricare file sospetti da Internet.
- SEGRETO n. 12: navigate online e leggete la vostra posta prestando la massima attenzione ai dettagli.
- SEGRETO n. 13: fate attenzione alle email con evidenti errori grammaticali o strutturate in maniera sospetta e poco credibile.
- SEGRETO n. 14: nel caso in cui siate già stati vittime di truffe, sappiate che la legge è sempre dalla vostra parte, ma che la prevenzione è l'arma migliore.
- SEGRETO n. 15: seguite e applicate le 10 regole fondamentali per ridurre a zero i rischi di cadere in truffe.

Conclusione

E siamo giunti alla fine di questa guida. Noi ci auguriamo che la consideriate un buon acquisto, ma sappiamo che, anche se ora non ve ne rendete conto, questo per voi è stato un **ottimo** acquisto.

Vi abbiamo illustrato le motivazioni per cui è preferibile l'acquisto online. E, di conseguenza, i motivi per evitare molti acquisti nei negozi. Avete capito l'utilità delle carte prepagate e di PayPal. E, cosa importantissima, vi abbiamo elencato e spiegato nei dettagli tutte le truffe, più o meno famose, presenti sul web. Manca ancora una sola cosa. La più importante.

Le 10 istruzioni per evitare le truffe

Vediamole insieme:

1) installate e aggiornate con frequenza il software di protezione (antivirus);
2) mantenete sempre aggiornato il vostro programma di protezione per il PC (Centro Operativo);
3) tenete sempre aggiornato il vostro sistema operativo;

4) scaricate solo gli aggiornamenti ufficiali;
5) verificate l'autenticità del collegamento con la vostra banca, effettuando un controllo accurato del nome del sito nella barra di navigazione;
6) non rispondete mai alle email sospette;
7) non cliccate mai su link per accedere ai servizi bancari;
8) controllate sempre i movimenti del vostro conto online e delle vostre carte di credito;
9) diffidate di tutti i messaggi che vi invitano a scaricare programmi o documenti che non conoscete;
10) cambiate sempre la password.

Ma se per caso decidete di ignorare queste nostre regole, sappiate che cadrete ripetutamente in truffe che vi prosciugheranno il conto in banca e vi creeranno seri problemi legali, tra cui anche la concreta possibilità di finire in prigione.

Però, siccome non vogliamo lasciarvi con il pensiero negativo delle conseguenze, aggiungiamo 3 regole importantissime, da seguire se sospettate che la vostra identità sia stata rubata:

1) bloccate immediatamente le vostre carte di credito e i conti

che pensate compromessi;

2) contattate l'ufficio della vostra banca che si occupa delle frodi e truffe;
3) modificate immediatamente le password di tutti i vostri conti online.

Seguendo queste semplici istruzioni, vi garantiamo che d'ora in poi non cadrete **mai** più in truffe online!

Ora non solo sapete riconoscere le truffe ma, cosa ben più importante, sapete come evitarle! Riconoscere una truffa non è poi così difficile, ma spesso, attratti da fantastiche promesse, si cade nel tranello. Ebbene, se voi seguirete dettagliatamente questa guida, potrete *da subito* riconoscere ed evitare qualsiasi truffa telematica.

Cosa aspettate? Tuffatevi serenamente in questo mare chiamato Internet, fate acquisti, regali e spese senza più nessuna preoccupazione! Questa guida sarà sempre al vostro fianco, pronta a correre in vostro aiuto, ogni volta che ne avrete bisogno!

www.ingramcontent.com/pod-product-compliance
Ingram Content Group UK Ltd.
Pitfield, Milton Keynes, MK11 3LW, UK
UKHW022014190726
13853UKWH00005B/1921